Mit Teddy
Englisch lernen

Für Kinder im
Vor- und Grundschulalter

EDITION XXL

Mein Name ist Teddy.
Wie ist dein Name?
My name is Teddy.
What's your name?

Dieses Buch gehört
This book belongs to

Straße/**Street**

Postleitzahl und Ort/**Post code and city**

Staat/**Country**

Inhaltsverzeichnis
Contents

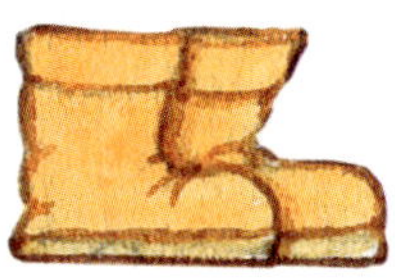

Vorwort
Foreword

Liebe Eltern,
liebe Lehrer,

bringen Sie Ihrem Kind/Ihren Schülern die englische Sprache näher. Unterstützt werden Sie dabei von der niedlichen Leitfigur Teddy, der sich auf eine Reise nach London macht.

Mit seiner Hilfe werden die unterschiedlichsten Themengebiete aus dem Alltag spielerisch herangeführt und das Kind wird zum aktiven Umgang mit der englischen Sprache animiert.

Ob Vorschüler oder Schulanfänger, am leichtesten lernt das Kind die fremde Sprache, wenn Sie ihm die Wörter zunächst immer wieder vorlesen, auf das zugehörige Bild deuten und es die Wörter nachspricht. Die Fragen und Aufgaben zu den einzelnen Situationen vertiefen den Lernprozess und lassen das Kind erste englische Sätze bilden.

Wenn Sie unsicher sind, wie das eine oder andere Wort ausgesprochen wird, hilft Ihnen die Lautschrift. Diese steht im Vokabelverzeichnis am Ende des Buches.

Ihre

Sonja Sammüller

Familie

Family

Herzlich willkommen bei Teddy zu Hause. Teddy lebt mit seinen Eltern und seiner Schwester in einem Hochhaus in Frankfurt und stellt euch jetzt erst einmal seine Familie vor. Hört ihm gut zu, damit ihr ihm auch eure Verwandten nennen könnt!

1. Wie heißen Teddys Familienmitglieder?

2. Bilde sinnvolle Paare und verbinde die Worte richtig miteinander:

grandfather Peter	sister
uncle	girl
mother	husband
brother	grandmother Bonnie
grandmother Mary	aunt
boy	grandfather Paul
wife	father

3. Male den Stammbaum deiner Familie auf ein Blatt und erzähle, wie deine Verwandten heißen.

Familienstammbaum/Family tree

Das sind Teddys Großeltern.

These are Teddy's grandparents.

Peter

der Großvater
grandfather

Bonnie

die Großmutter
grandmother

Paul

der Großvater
grandfather

Mary

die Großmutter
grandmother

Teddy nennt Paul Opa und Mary Oma.

Teddy calls Paul grandpa and Mary grandma.

Teddy nennt seine Mutter Mama und seinen Vater Papa.

Teddy calls his mother mum and his father dad.

Helen

die Mutter
mother

John

der Vater
father

Rachel

die Tante
aunt

Bill

der Onkel
uncle

Rachel ist Bills Ehefrau.

Rachel is Bill's wife.

Bill ist Rachels Ehemann.

Bill is Rachel's husband.

Sarah ist ein Mädchen.

Sarah is a girl.

Sarah

die Schwester
sister

Teddy

ich!
me!

Tom

der Cousin
cousin

Tom ist ein Junge.

Tom is a boy.

Meine Großeltern arbeiten gerne im Garten.
Sie pflanzt die Zwiebeln ein und er gießt die Blumen.

My grandparents like to work in the garden.
She plants the bulbs and he waters the flowers.

Meine Mutter kocht gerne.
My mother likes to cook.

Mein Vater schaut gerne Fernsehen.
My father likes to watch TV.

Meine Schwester mag Tiere.
My sister likes animals.

Ich fahre gerne Fahrrad.
I like to ride my bike.

Hobbys

Hobbies

Jeder aus Teddys Familie hat natürlich auch ein Hobby.

1. Was gehört zu wem?

Mein Großvater liest gerne.
My grandfather likes to read.

Meine Tante tanzt gerne.
My aunt likes to dance.

Meine Großmutter strickt gerne.
My grandmother likes to knit.

Mein Onkel spielt gerne Schach.
My uncle likes to play chess.

Mein Cousin spielt gerne Fußball.
My cousin likes to play football.

2. Welche Hobbys hast du?

Jahreszeiten

Seasons

Eines Tages bekommt Teddy einen Brief von seinem Onkel Bill aus London. Er öffnet ihn gespannt und liest ihn laut vor:

Lieber Teddy,

Tante Rachel und ich möchten dich gerne einladen, uns in den Sommerferien in London zu besuchen.

Herzlichst
Rachel und Bill

Teddy ist vor lauter Freude sehr aufgeregt, weil er in London auch seinen Cousin Tom wiedersehen wird. Am liebsten würde er sofort seinen Koffer packen! Doch sein Vater erklärt ihm geduldig, dass das Wetter jetzt im März auch in England noch zu schlecht ist und dass er besser in den Sommerferien fährt.

1. Ordne die Monate den vier Jahreszeiten richtig zu:

März	der Herbst **autumn**
Juni	der Winter **winter**
Oktober	der Sommer **summer**
Dezember	der Frühling **spring**

MÄRZ
MARCH
Mo 7 14 21 28
Di 1 8 15 22 29
Mi 2 9 16 23 30
Do 3 10 17 24 31
Sa 4 11 18 24 30
So 5 12
Dear Teddy
Aunt Rachel and I
would like to invite you
to visit us in London in
your summer holidays.
Love
Rachel and Bill

Monate

Months

Teddy überlegt gemeinsam mit seinem Vater, wie viele Monate er noch geduldig sein muss, bis es endlich losgeht. Gemeinsam zählen sie: Von März bis Juli sind es vier Monate. Ach, ist das noch eine lange Zeit!

1. Was ist dein Lieblingsmonat?

2. Welcher Monat ist gerade?

3. Die Monate sind durcheinander gekommen. Ordne sie wieder den Jahreszeiten richtig zu.

der Winter **winter**

der Sommer **summer**

der Herbst **autumn**

der Frühling **spring**

4. In welchem Monat ist dein Geburtstag?
In welchem Monat ist Weihnachten?
In welchem Monat ist Ostern?
In welchem Monat kannst du einen Schneemann bauen?
In welchem Monat kannst du einen Drachen steigen lassen?

Mai/May
September/September
November/November
Juni/June
Oktober/October
Dezember/December
Juli/July
August/August

Wetter
Weather

Teddy mag am liebsten den Frühling, weil dann alles schön blüht, es warm wird und er endlich wieder draußen spielen kann. Im Herbst hüpft er sehr gerne mit seinem Drachen bei windigem Wetter durch das raschelnde Laub. Das ist ein Spaß!

1. Wie ist das Wetter heute bei euch?
2. Wie ist das Wetter im Januar?
3. Welche von den Begriffen auf der rechten Seite passen zu dem linken und welche zu dem rechten Bild? Oder passt etwas vielleicht gar nicht?

verschneit
snowy

die Blätter fallen von den Bäumen
the leaves are falling from the trees

der Schnee
snow

das Gewitter
thunderstorm

die ersten Blumen betrachten
to look at the first flowers

der Herbst
autumn

der Blitz
lightning

stürmisch
stormy

kalt
cold

der Nebel
fog

warm
warm

es regnet
it's raining

der Frühling
spring

es hagelt
it's hailing

bewölkt
cloudy

nass
wet

sonnig
sunny

In der Schule

At school

Bis zu den Sommerferien muss Teddy noch eine ganze Weile in die Schule gehen. Sein Lieblingsfach ist Mathematik.

1. Was gehört nicht in ein Klassenzimmer?

flower
bird's nest
blackboard
books
rubber
sun
bike
sponge
hedgehog
chalk

2. Lerne die Schulfächer. Welches ist Teddys Lieblingsfach?

✗ Musik/**Music**
✗ Naturwissenschaft/**Science**
✗ Sport/**Physical Education**
✗ Mathematik/**Maths**
✗ Religion/**Religious Studies**
✗ Englisch/**English**
✗ Deutsch/**German**
✗ Sachkunde/**General Studies**
✗ Französisch/**French**

die Tafel
blackboard
das Wort
word
Schule
die Zahlen
numbers
2 + 2 =
1 + 5 =
3 + 4 =
der/die Lehrer/in
teacher
die Kreide
chalk
der Schwamm
sponge
das Pult
desk
der Papierkorb
wastepaper basket
der/die Schüler/in
pupil
die Patrone
cartridge
der Füller
fountain pen
das Pausenbrot
snack
der Filzstift
felt tip pen
der Klebstoff
glue
der Buntstift
coloured pencil
die Wachsmalkreide/wax crayon

Zahlen

Numbers

Die Zahlen 1–20 kann Teddy im Schlaf. Und mit seinem Opa Paul hat er auch schon die Zahlen bis 100 gelernt. Hier verrät er sie dir.

21 twenty-one
22 twenty-two
23 twenty-three
24 twenty-four
25 twenty-five
26 twenty-six
27 twenty-seven
28 twenty-eight
29 twenty-nine
30 thirty
31 thirty-one
32 thirty-two
33 thirty-three
34 thirty-four
35 thirty-five
36 thirty-six
...
40 forty
41 forty-one
42 forty-two
...
50 fifty
51 fifty-one
...
60 sixty
61 sixty-one
...
70 seventy
71 seventy-one
...
80 eighty
81 eighty-one
...
90 ninety
91 ninety-one
...
100 one hundred

1. Kannst du sie auch laut aufsagen? Und wie wäre es mit rückwärts?

2. Zähle von 17 bis 35!

zählen
to count
1 one
2 two
3 three
4 four
5 five
6 six
7 seven
8 eight
9 nine
10 ten

das Quadrat
square
der Kreis
circle
das
Rechteck
rectangle
grau
grey
violett
purple
gelb
yellow
hellblau
light blue
dunkelblau
dark blue
schwarz
black
braun
brown
orange
orange

Formen und Farben

Shapes and colours

Heute lernt Teddy im Kunstunterricht die Farben und Formen.

1. Er soll ein grünes Quadrat, einen orangen Kreis und ein gelbes Dreieck malen. Hat er alles richtig gemacht?

2. Nimm ein weißes Blatt und male darauf:
   - ✗ one yellow square
   - ✗ one purple rectangle
   - ✗ two red circles
   - ✗ three blue rectangles

3. Welche Farben sind auf Teddys Farbpalette?

4. Welche Farbe hat das Gras?
   Welche Farbe hat Schnee?
   Welche Farbe hat der Himmel?
   Welche Farbe hat eine Tomate?
   Welche Farbe hat die Sonne?
   Welche Farbe hat Erde?
   Welche Farbe hat ein Rabe?
   Welche Farbe hat ein Ferkel?
   Welche Farbe haben deine Augen?
   Welche Farbe hat dein Lieblingspulli?

Uhrzeit

Time

Morgen hat Teddy Geburtstag. Er kann es kaum abwarten und schaut schon ganz ungeduldig auf die Uhr.

1. Wie viel Uhr ist es gerade?

2. Um wie viel Uhr gibt es Mittagessen?

3. Wann gehst du abends ins Bett?

4. Verbinde die Worte mit den richtigen Uhrzeiten:

- ✗ morning
- ✗ noon
- ✗ afternoon

Wie viel Uhr ist es? **What time is it?**

ten o'clock
10:00 Uhr

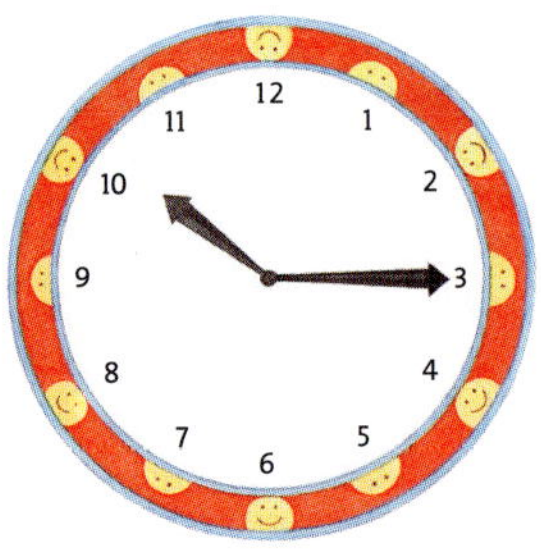

a quarter past ten
10:15 Uhr

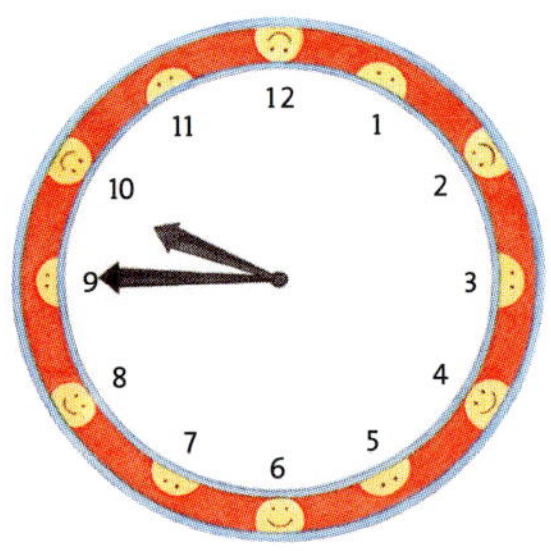

a quarter to ten
09:45 Uhr

half past ten
10:30 Uhr

five past ten
10:05 Uhr

twenty to ten
09:40 Uhr

die Uhr
clock

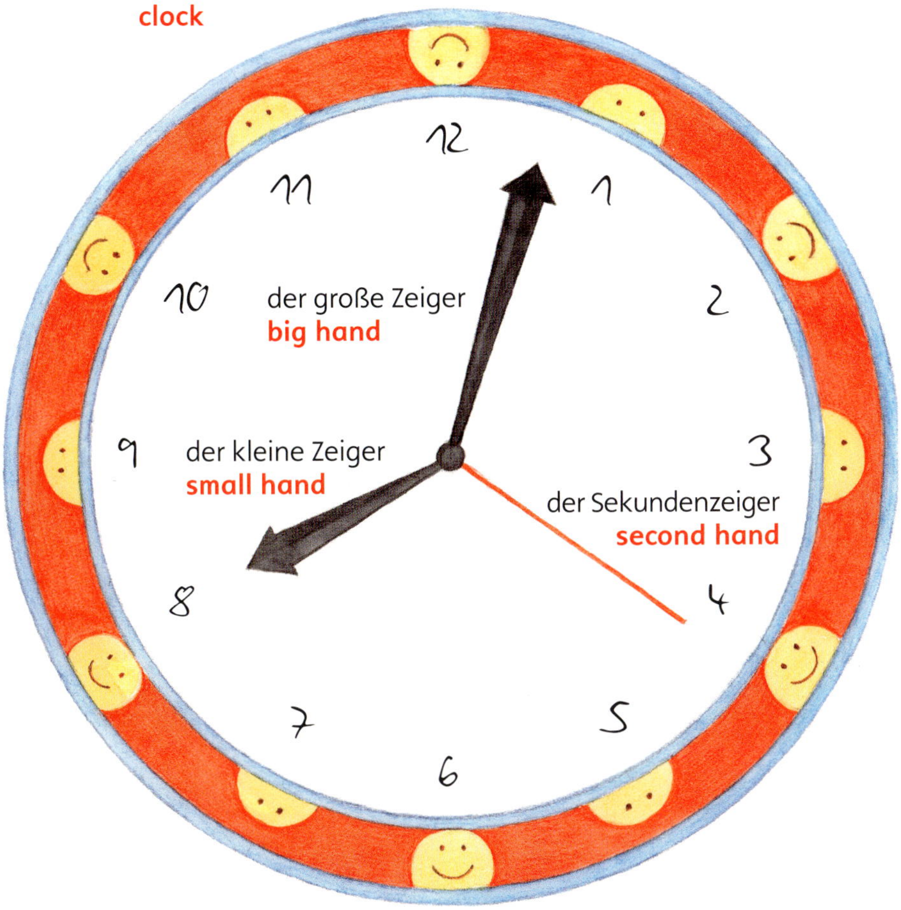

5. Male die richtige Zeit in die Uhr:

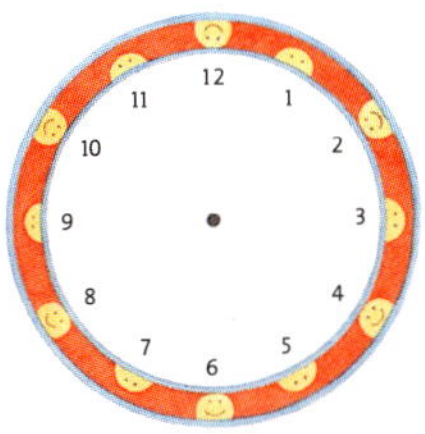

eleven o'clock

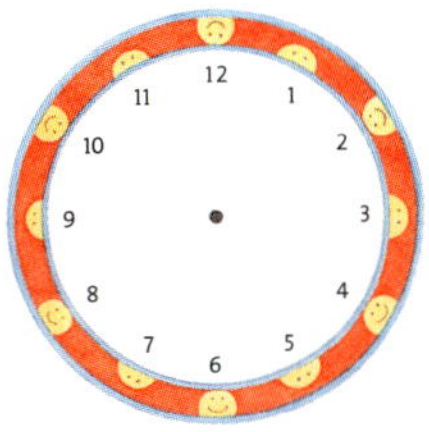

a quarter to three

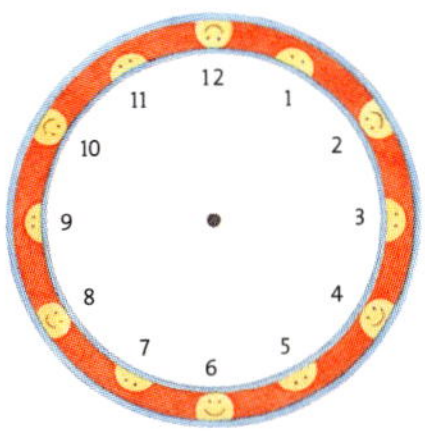

five past two

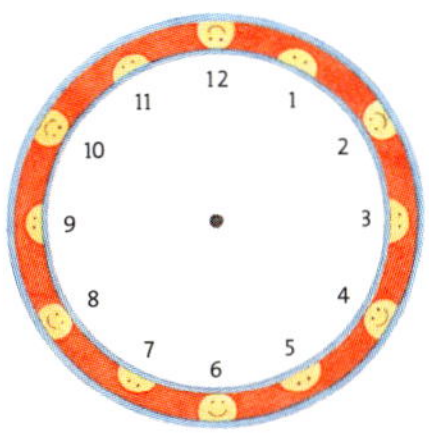

a quarter past five

In der Tierhandlung

At the pet shop

Endlich ist es so weit: Teddy hat Geburtstag! Seine Großeltern haben eine riesengroße Überraschung für ihn. Er darf mit ihnen in die Tierhandlung, um sich dort ein Haustier auszusuchen. So ein tolles Geschenk hat Teddy noch nie bekommen!

1. Wie viele Fische siehst du?

2. Zähle alle Tiere auf, die du sehen kannst:
   - ✗ I can see one cat.
   - ✗ I can see two mice.
   - ✗ I can see ...

der Vogel
bird
die Katze
cat
das Kaninchen
rabbit
das Meerschweinchen
guinea pig
der Welpe
puppy
das Kätzchen
kitten
der Papagei
parrot
die Maus
mouse
der Goldfisch
goldfish
der Hamster
hamster
der Hund
dog

Geburtstag

Birthday

Als Teddy den Papagei in der Tierhandlung sieht, ist er sofort begeistert. Als der Papagei dann auch noch ein Geburtstagslied für Teddy singt, hat er ihn in sein Herz geschlossen und nimmt ihn mit nach Hause. Einen Namen hat er auch schon für ihn: Coco!

1. Welche Farben hat Cocos Federkleid?

2. Was ist dein Lieblingstier?

3. Singe auch für Teddy das Geburtstagslied.

Happy birthday to you, happy birthday to you,
happy birthday, dear Teddy, happy birthday to you.

Am Freitag bekomme ich mein Zeugnis und die Ferien fangen an.

On Friday I get my school report and it is the start of the holidays.

Am Sonntag fliege ich nach London.

On Sunday I fly to London.

Am Samstag packe ich meinen Koffer.

On Saturday I pack my suitcase.

Tage

Days

Nur noch eine Woche, dann darf Teddy endlich zu seinem Onkel nach London reisen. Er überlegt sich, was er bis dahin wohl alles noch machen wird.

1. Zähle die Wochentage auf.

2. Welcher Tag ist heute?

3. Ordne die Buchstaben in der richtigen Reihenfolge:

d a r a y S t u

y n a M o d

u h y a r d T s

Von Dienstag bis Freitag
habe ich Schule.

*From Tuesday to Friday
I go to school.*

Am Montag habe ich
ein Fußballspiel.

*On Monday I have a
football match.*

Spielsachen

Toys

Teddy wollte eigentlich zu seinem Fußballspiel gehen, fühlt sich aber ein bisschen müde. Deshalb bleibt er lieber zu Hause und spielt mit seiner kleinen Schwester Sarah in ihrem Kinderzimmer.

1. Wie viele Bauklötze findest du?
Wie viele Puzzleteile liegen auf dem Tisch?
Wie viele Anhänger hat die Lokomotive?

3. Welche Farben hat der Fußball?
Welche Farben hat der Eimer?
Welche Farben hat der Kreisel?

2. Welche Spielsachen hast du in deinem Zimmer?

der Drachen
kite
das Stofftier
toy animal
1,99 €
der Fußball
football
der Kaufladen
grocer's shop
die Puppe
doll
der Kreisel
spinning top

Sleep, baby, sleep,

Krankheit
Sickness

Am Abend fasst die Mutter Teddy an die Stirn. Nanu, sie ist ja ganz warm! Das Fieberthermometer steigt auf 38° C und die Mutter sagt: „Wenn die Temperatur bis morgen nicht sinkt, gehen wir zum Doktor." Sie singt Teddy ein Schlaflied und bleibt bei ihm, bis er eingeschlafen ist.

1. Singe auch das Schlaflied für Teddy.

2. Kennst du noch ein anderes schönes Lied?

Beim Arzt

At the doctor's

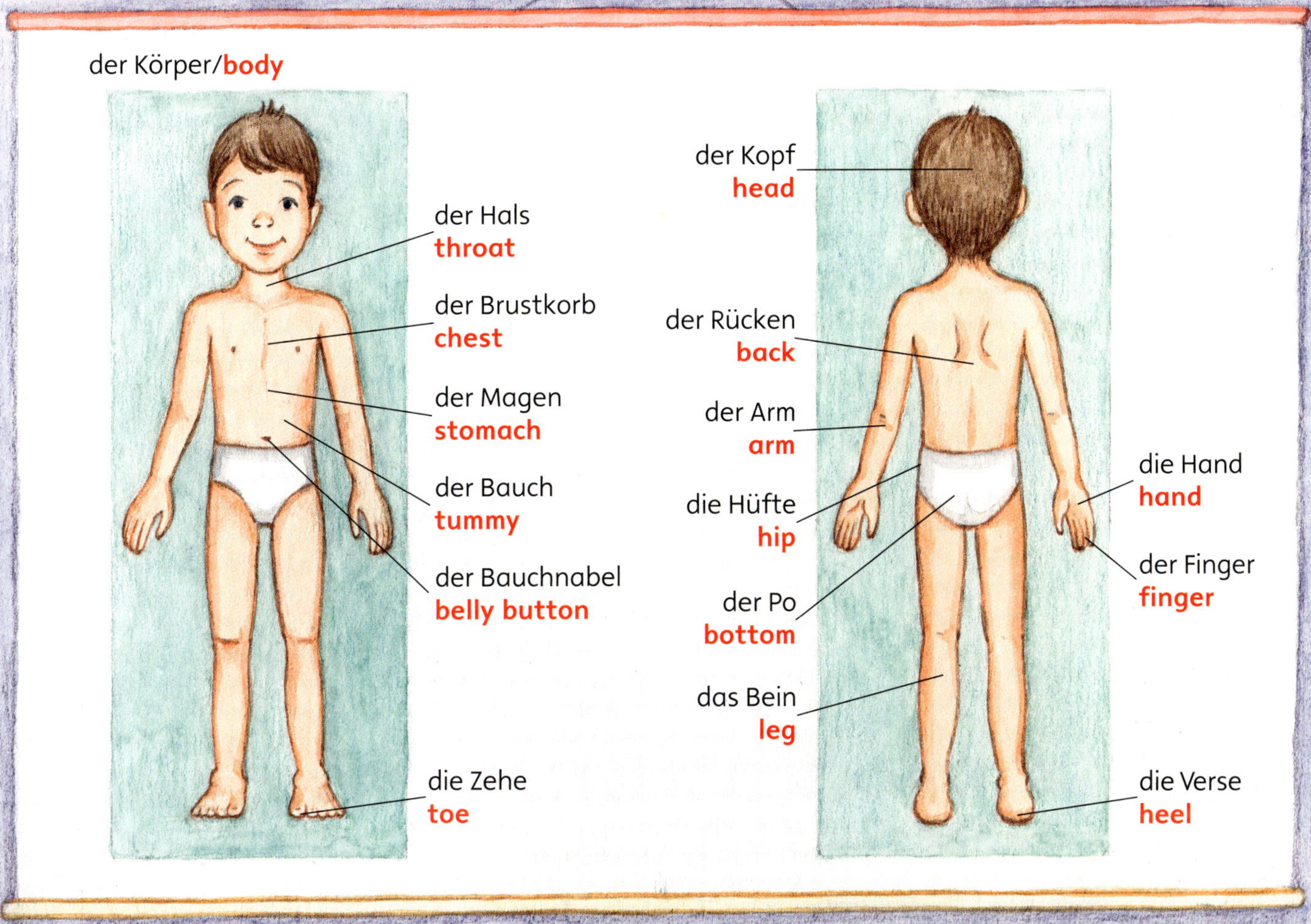

Teddy geht gemeinsam mit seiner Mutter zu Dr. Hasenfuß. Er untersucht ihn und stellt fest, dass Teddy nur eine kleine Erkältung hat, die schon in wenigen Tagen vorüber sein wird. Da ist Teddy sehr erleichtert und bewundert die großen Plakate an der Wand.

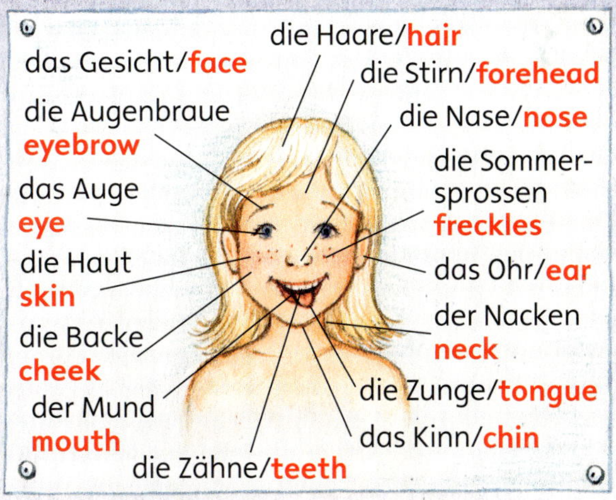

1. Wo sind die ganzen gezeigten Körperteile an deinem Körper?

2. Welches Körperteil brauchst du zum Laufen?
Welches Körperteil brauchst du beim Malen?

Mit welchem Körperteil zeigst du auf etwas?

3. Findest du auch bei Teddy die Augen, die Nase und den Mund?

Kleidung
Clothes

Morgen ist es endlich so weit: Teddy wird nach London fliegen! Deshalb möchte er seinen Koffer für die Reise packen. Er durchstöbert alle Kleiderschränke und staunt, was sie so zu bieten haben.

die Wollmütze
wooly hat

die Baseballmütze
baseball cap

das Unterhemd
vest

der Pullover
jumper

das T-Shirt
t-shirt

die Unterhose
underpants

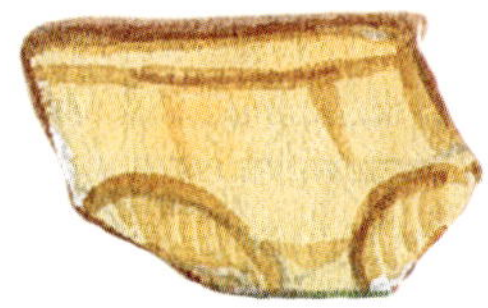

die Hausschuhe
slippers

die kurze Hose
shorts

die lange Hose
trousers

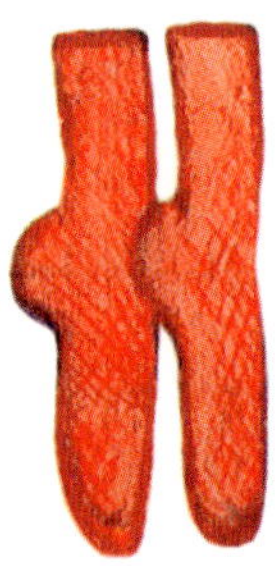

die Socken
socks

der Anorak
jacket

der Schal
scarf

die Stiefel
boots

die Krawatte
tie

der Anzug
suit

die Strumpfhose
tights

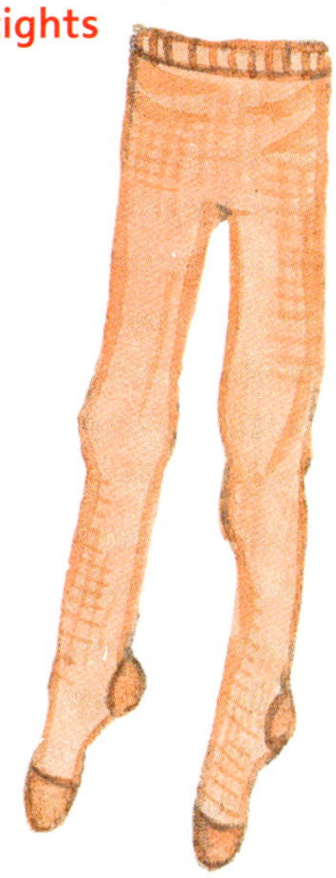

der Sonnenhut
sun hat

das Kleid
dress

der Knopf
button

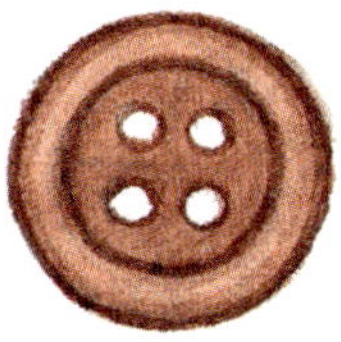

das Nachthemd
nightdress

die Turnschuhe
trainers

die Handschuhe
gloves

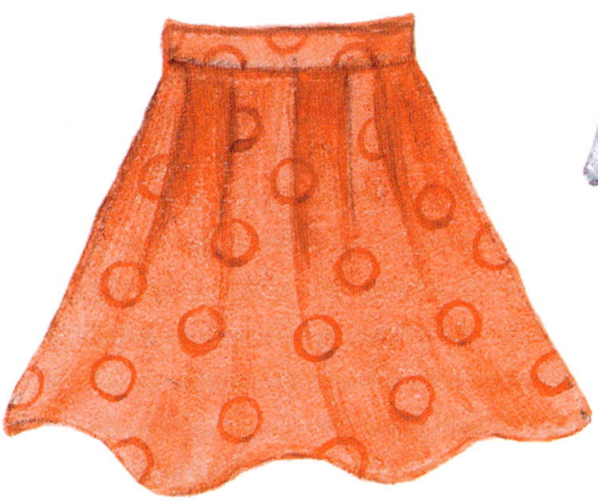

der Rock
skirt

der Schlafanzug
pyjamas

Kleidung
Clothes

Dann geht er in sein Zimmer und öffnet seinen großen blauen Koffer. Aber was braucht er alles?

1. Hilf ihm, seinen Koffer zu packen, und finde folgende Kleidungsstücke in seinem Zimmer:

   - ✗ trousers
   - ✗ shorts
   - ✗ wooly hat
   - ✗ jumper
   - ✗ t-shirt
   - ✗ underpants
   - ✗ vest
   - ✗ slippers
   - ✗ socks
   - ✗ boots
   - ✗ jacket
   - ✗ scarf
   - ✗ suit
   - ✗ tie
   - ✗ sun hat
   - ✗ pyjamas

2. Nimm ein weißes Blatt und male darauf:
   - ✗ green boots
   - ✗ blue socks
   - ✗ red trousers

3. Welche Kleidungsstücke trägst du heute?

4. Was legst du im Winter um den Hals?
   Was schützt deine Füße vor Kälte?
   Womit bedeckst du im Sommer deinen Kopf?

5. Wo ist Teddys Papagei Coco?

das Flugzeug
plane
der Lastkraftwagen
lorry
die Brücke
bridge
die Straße
street
der Parkplatz
car park
das Schild
sign
der Motorradfahrer
motorcyclist
das Motorrad
motorbike

Verkehr

Traffic

Endlich fährt Teddy mit seiner Familie zum Flughafen. Er ist beeindruckt von dem vielen Verkehr und hofft, dass sie es noch rechtzeitig zum Flughafen schaffen werden.

Teddys Vater erklärt ihm unterwegs, dass die Autos in Deutschland auf der rechten Seite fahren, in England aber auf der linken. Das ist ja seltsam!

Fahrzeuge
Vehicles

der Linienbus
bus

mit dem Bus fahren
to go by bus

Auf der Fahrt vertreiben sich Teddy und Sarah die Zeit damit, sich die vielen unterschiedlichen Fahrzeuge genauer anzuschauen.

das Taxi
taxi

ein Taxi bestellen
to arrange for a taxi

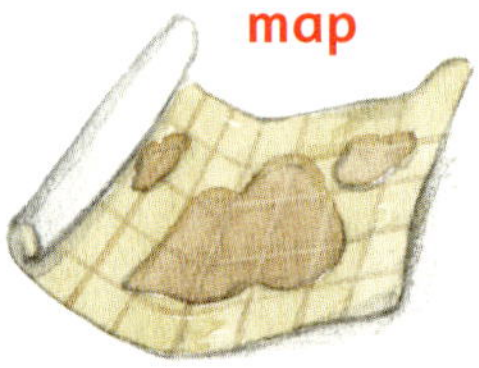

die Landkarte
map

links abbiegen
to go left

rechts abbiegen
to go right

der Lastkraftwagen
lorry

Der Lastwagen kann große und schwere Waren transportieren.

The lorry can carry big and heavy goods.

der Reisebus
coach

Der Reisebus ist sehr bequem.
The coach is very comfortable.

das Feuerwehrauto
fire engine

Das Feuerwehrauto ist rot.
The fire engine is red.

die Tankstelle
petrol station

die Zapfsäule
petrol pump

tanken
to refuel

das Polizeiauto
police car

Das Polizeiauto kann sehr schnell fahren.
The police car can drive very fast.

die Straßenbahn
tram

der Zug
train

Der Zug ist unpünktlich.
The train is late.

1. Welches Fahrzeug magst du am liebsten?

2. Mit welchen von diesen Fahrzeugen bist du schon gefahren?

Onkel Bills Haus

Uncle Bill's house

Endlich ist Teddy bei Onkel Bill angekommen und bewundert sein tolles Haus mit den schönen roten Backsteinen. Der Onkel lädt Teddys Gepäck aus und alle vier gehen zusammen ins Haus.

1. Wer gehört noch zu Onkel Bills Familie. Kannst du dich noch erinnern?

2. Male ein Bild von eurem Haus und beschreibe, was du alles siehst. Hier sind noch ein paar nützliche Worte dafür:
   - ✗ der Balkon/**balcony**
   - ✗ der Briefkasten/**letter box**
   - ✗ die Treppe/**stairs**
   - ✗ die Dachrinne/**gutter**

3. Was kannst du sehen?

_ _ _ _ _

_ _ _ _ _ _ _

_ _ _ _

_ _ _ _ _ _

die Wolken
clouds
die Vögel
birds
das Dach
roof
das Fenster
window
der Vorhang/curtain
die Lampe/lamp
die Tür
door
die Äpfel
apples
er Garten
arden
die Blumen
flowers
die Karotten
carrots
die Rosen
roses
der Kopfsalat
lettuce
der Zaun
fence
das Auto
car

das Kinderzimmer
children's bedroom
das Schlafzimmer
bedroom
das Treppenhaus/staircase
die Toilette
toilet
das Badezimmer
bathroom
die Küche
kitchen
das Wohnzimmer
living room
der Flur
hall
die Terrasse
patio
der Sonnenschirm
sunshade
die Sonnenliege
sun lounger
die Birnen
pears
der Garten
garden

Zu Hause bei Onkel Bill

At home at Uncle Bill's

Die ganze Familie macht einen Rundgang durch das Haus. Teddy ist beeindruckt: so viele Stockwerke! Zu Hause in Frankfurt wohnt er nur auf einem Stockwerk.

1. Wie viele Stockwerke hat Onkel Bills Haus?

2. Wo sind die folgenden Einrichtungsgegenstände in Onkel Bills Haus? Kannst du sie finden? Deute darauf.

- ✗ der Fernseher/**TV set**
- ✗ die Pflanze/**plant**
- ✗ das Schaukelpferd/ **rocking horse**
- ✗ das Waschbecken/**wash basin**
- ✗ der Schrank/**cupboard**
- ✗ der Spiegel/**mirror**
- ✗ das Kinderbett/**children's bed**
- ✗ das Sofa/**sofa**
- ✗ die Badewanne/**bathtub**
- ✗ der Stuhl/**chair**
- ✗ der Kleiderschrank/**wardrobe**
- ✗ die Türmatte/**doormat**
- ✗ die Garderobe/**coat rack**

3. Beschreibe, wo folgende Einrichtungsgegenstände sind.

 is in the children's bedroom.

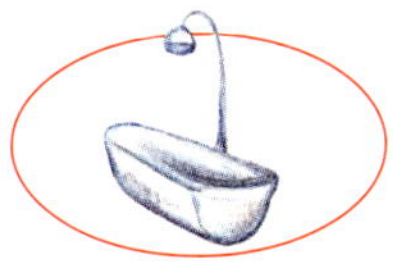 is in the bathroom.

 ______________________

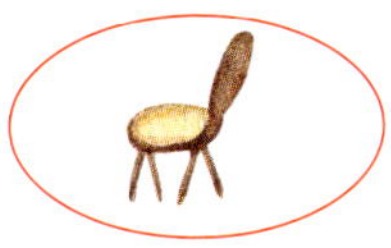 ______________________

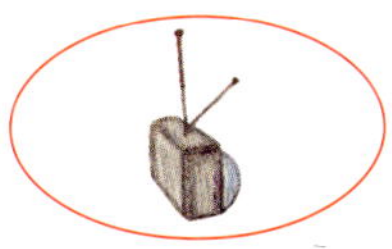 ______________________

 ______________________

 ______________________

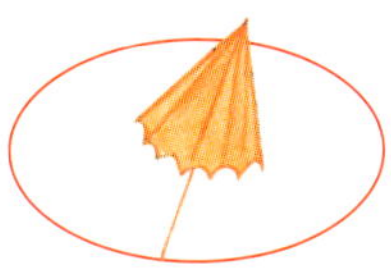 ______________________

 ______________________

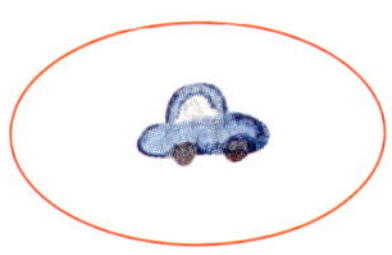 ______________________

 ______________________

Küche
Kitchen

Onkel Bill zeigt Teddy die Küche. Dort entdeckt Teddy einen leckeren Kuchen, den es heute Abend zum Nachtisch geben wird. Mmmh, wie das duftet!

1. Kannst du alle diese Dinge auch in eurer Küche finden?

2. Womit wäscht man seine Kleider?
Worin kocht man Nudeln?
Womit kannst du einen Kuchen aus dem Backofen holen, ohne dich zu verbrennen?

Lebensmittel

Groceries

Es gibt so viele Lebensmittel,
dass man gar nicht weiß,
was man zuerst essen oder
trinken soll, findest du nicht?

die Milch
milk

der Honig
honey

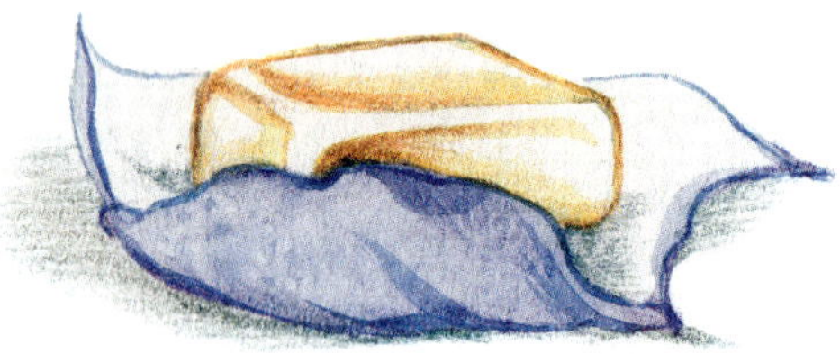

die Butter
butter

das Toastbrot
toast

der Orangensaft
orange juice

der Apfelsaft
apple juice

die Brötchen
rolls

der Rotwein
red wine

das Bier
beer

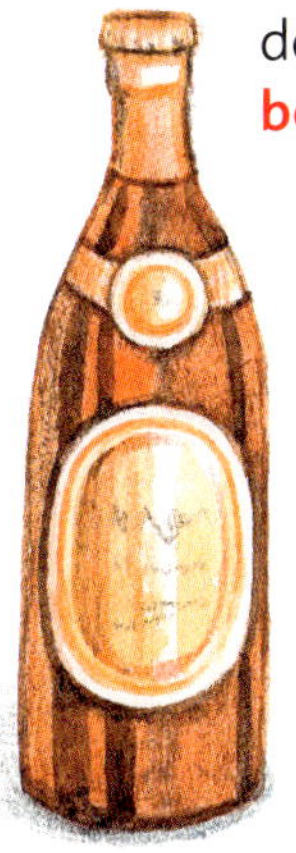

die Torte
cake

der Käse
cheese

das Brot
bread

die Marmelade
jam

der Tee
tea

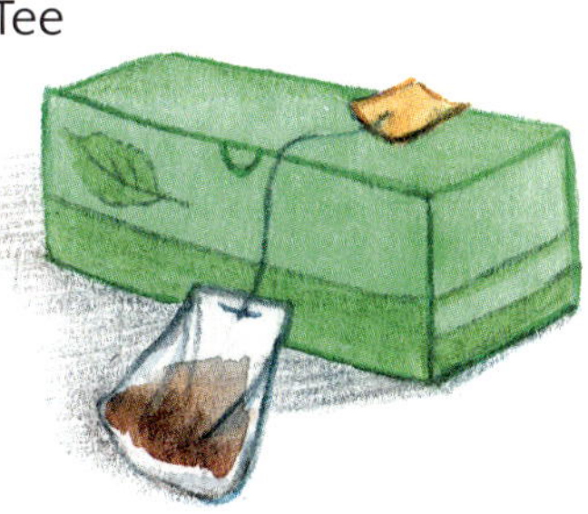

die Schokoladenkekse
chocolate chip cookies

Abendessen

Supper

Und da ist es auch schon Zeit für das Abendessen! Teddy hat einen Bärenhunger und stellt schnell fest: Das englische Essen ist viel besser als sein Ruf!

1. Was würde dir am besten schmecken?

2. Decke heute Abend den Tisch und benenne dabei das ganze Geschirr.

One, ...
two, ...
das Schaf
sheep
das Bild
picture
der Wecker
alarm clock
die Hausschuhe
slippers
?

Gute Nacht

Good night

Glücklich und zufrieden liegt Teddy nach seinem ersten Tag in London in Toms Bett. Vor lauter Aufregung kann er gar nicht einschlafen! Deshalb fängt er an, Schafe zu zählen, und schläft schon bald ein.

1. Zähle für Teddy laut weiter bis 100.

2. Wie heißen die Gegenstände, die mit einem Fragezeichen versehen sind?

Tiere

Animals

Gleich am nächsten Morgen bricht Teddy mit seinem Cousin zu dem großen Londoner Zoo auf. Aufgeregt unterhalten sie sich darüber, welche Tiere sie dort sehen werden. Ob es dort auch einen Löwen gibt? Oder Giraffen?

der Pinguin
penguin

das Kaninchen
rabbit

der Affe
monkey

die Giraffe
giraffe

die Schlange
snake

das Zebra
zebra

der Elefant
elephant

das Känguru
kangaroo

die Robbe
seal

der Eisbär
polar bear

der Koalabär
koala bear

der Löwe
lion

die Schildkröte
turtle

das Kamel
camel

der Gorilla
gorilla

der Flamingo
flamingo

das Krokodil
crocodile

das Nilpferd
hippopotamus

Im Zoo

At the zoo

Der Zoowärter führt die beiden Jungs durch den Zoo. Toll, was es hier alles zu entdecken gibt!

1. Kannst du die folgenden Tiere alle finden? Notfalls kannst du ja noch einmal auf der vorherigen Seite nachschauen.
   - ✗ monkey
   - ✗ gorilla
   - ✗ camel
   - ✗ elephant
   - ✗ kangaroo
   - ✗ koala bear
   - ✗ crocodile
   - ✗ snake
   - ✗ penguin
   - ✗ polar bear
   - ✗ seal
   - ✗ fish
   - ✗ turtle
   - ✗ zebra
   - ✗ giraffe
   - ✗ flamingo
   - ✗ lion
   - ✗ hippopotamus
   - ✗ rabbit

2. Wie viele Tiere siehst du von jeder Art?
   - ✗ There is one snake.
   - ✗ There are three fish.
   - ✗ There are two camels.

   ...

DANGEROUS

Spazieren gehen

Go for a walk

der Polizist
policeman

Als Teddy und sein Cousin nach Hause gehen, werden sie von einem Polizisten über die Straße gelotst. Teddys Vater hatte recht! Hier in England fahren die Autos tatsächlich alle auf der linken Straßenseite. Teddy ist verwirrt von dem vielen Schauen. Gut, dass sich Tom so gut hier auskennt!

1. Welche Farbe haben die beiden Autos?

2. Wie viele Vögel verstecken sich auf dem Bild?

SUPERMARKET

Berufe
Jobs

Als Teddy den Polizisten sieht, grübelt er, welchen Beruf er gerne einmal ausüben würde. Da gibt es doch so viele interessante Berufe zur Auswahl!

der Fußballer
football player

der Bäcker
baker

der Schneider
tailor

der Koch
cook

der Postbote
postman

1. Was möchtest du einmal werden?

2. Wer bringt euch morgens die Briefe? Wer hilft, wenn es brennt?

Auf dem Markt

At the market

Am nächsten Tag soll Teddy auf dem Markt einkaufen gehen. Er überlegt schon einmal, was es dort wohl so alles gibt.

die Rosen
roses

die Weintrauben
grapes

die Erbsen
peas

die Erdbeeren
strawberries

die Aprikosen
apricots

die Karotten
carrots

der Sellerie
celery

die Bananen
bananas

die Kirschen
cherries

der Korb
basket

die Radieschen
radishes

die Kartoffeln
potatoes

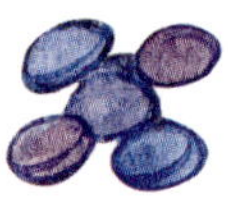

die Pflaumen
plums

die Wassermelone
watermelon

die Tomaten
tomatoes

die Pfirsiche
peaches

die Zwiebeln
onions

die Mangos
mangos

die Bohnen
beans

die Tulpen
tulips

der Meerrettich
horseradish

die Zucchini
courgettes

der Spinat
spinach

der Knoblauch
garlic

der Blumenkohl
cauliflower

der Brokkoli
broccoli

die Kasse
till

die Aubergine
aubergine

die Äpfel
apples

der Spargel
asparagus

die Pilze
mushrooms

die Frühlingszwiebeln
spring onions

die Chilischoten
chillies

die Waage
scales

die Birnen
pears

die Zitronen
lemons

die Kiwis
kiwis

die Ananas
pineapple

die Gurken
cucumbers

der Kopfsalat
lettuce

die Himbeeren
raspberries

die Nelken
carnations

die Johannisbeeren
red currants

die Brombeeren
blackberries

die Orangen
oranges

Auf dem Markt

At the market

Teddys Tante Rachel hat ihn mit einer großen Einkaufsliste auf den Markt geschickt.

1. Findet er dort alles, was er braucht?
   - ✗ apples
   - ✗ carrots
   - ✗ bananas
   - ✗ lettuce
   - ✗ onions
   - ✗ mushrooms
   - ✗ oranges

2. Wie viele Bananen kannst du sehen?
   Findest du eine Ananas?
   Wie viele Äpfel sind in der Tüte der Verkäuferin?
   Wie viele Tulpen kannst du sehen?

3. Welches Obst und Gemüse habt ihr gerade zu Hause? Schau doch mal in der Küche nach.

4. Wie heißen die grünen Früchte und Gemüsesorten, die du auf dem Markt entdecken kannst?

1,99

Stadtplan

Map

Heute machen Teddy, Onkel Bill, Tante Rachel und Tom eine Stadtrundfahrt durch London. Onkel Bill hat alle Sehenswürdigkeiten schon auf dem Stadtplan markiert.

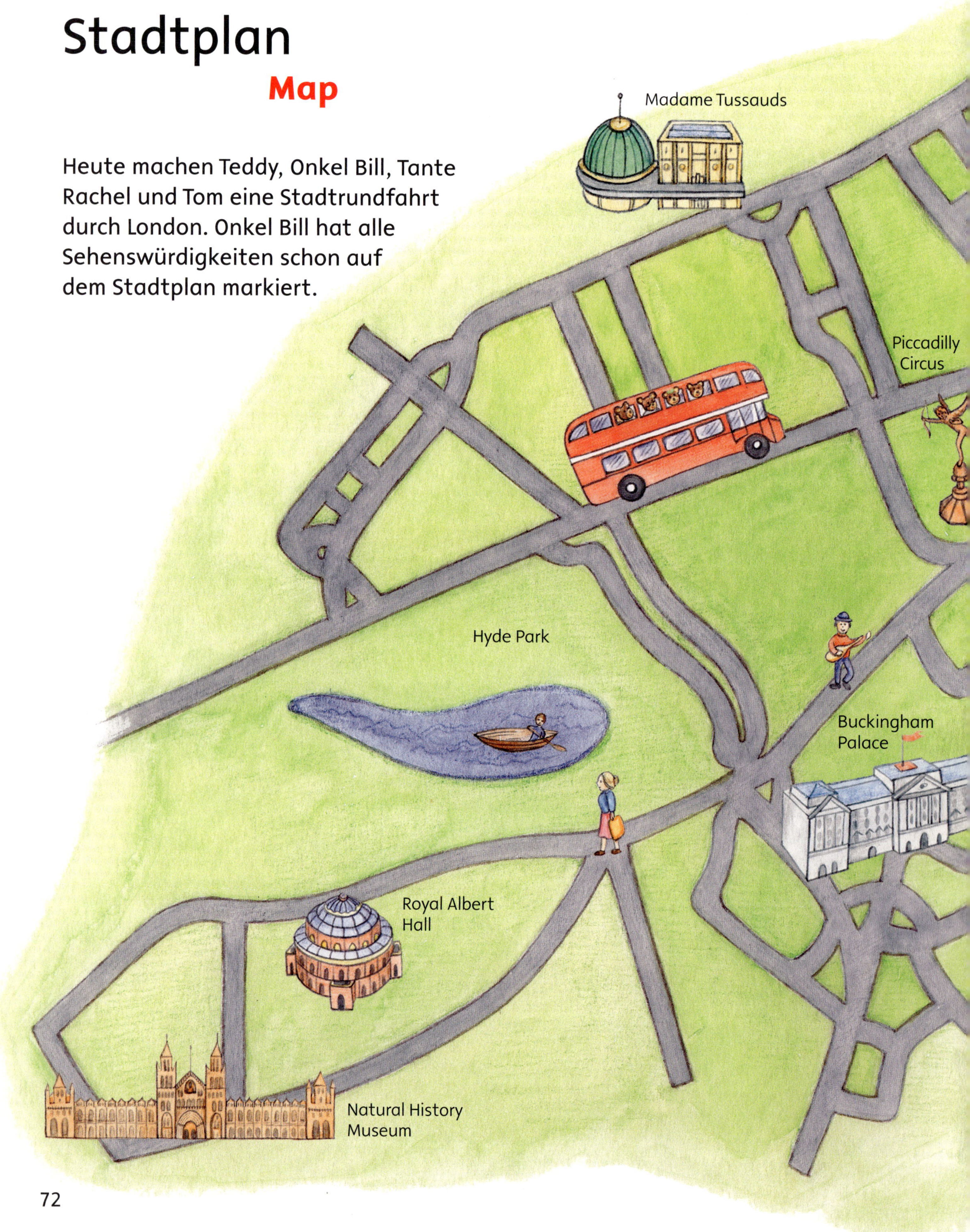

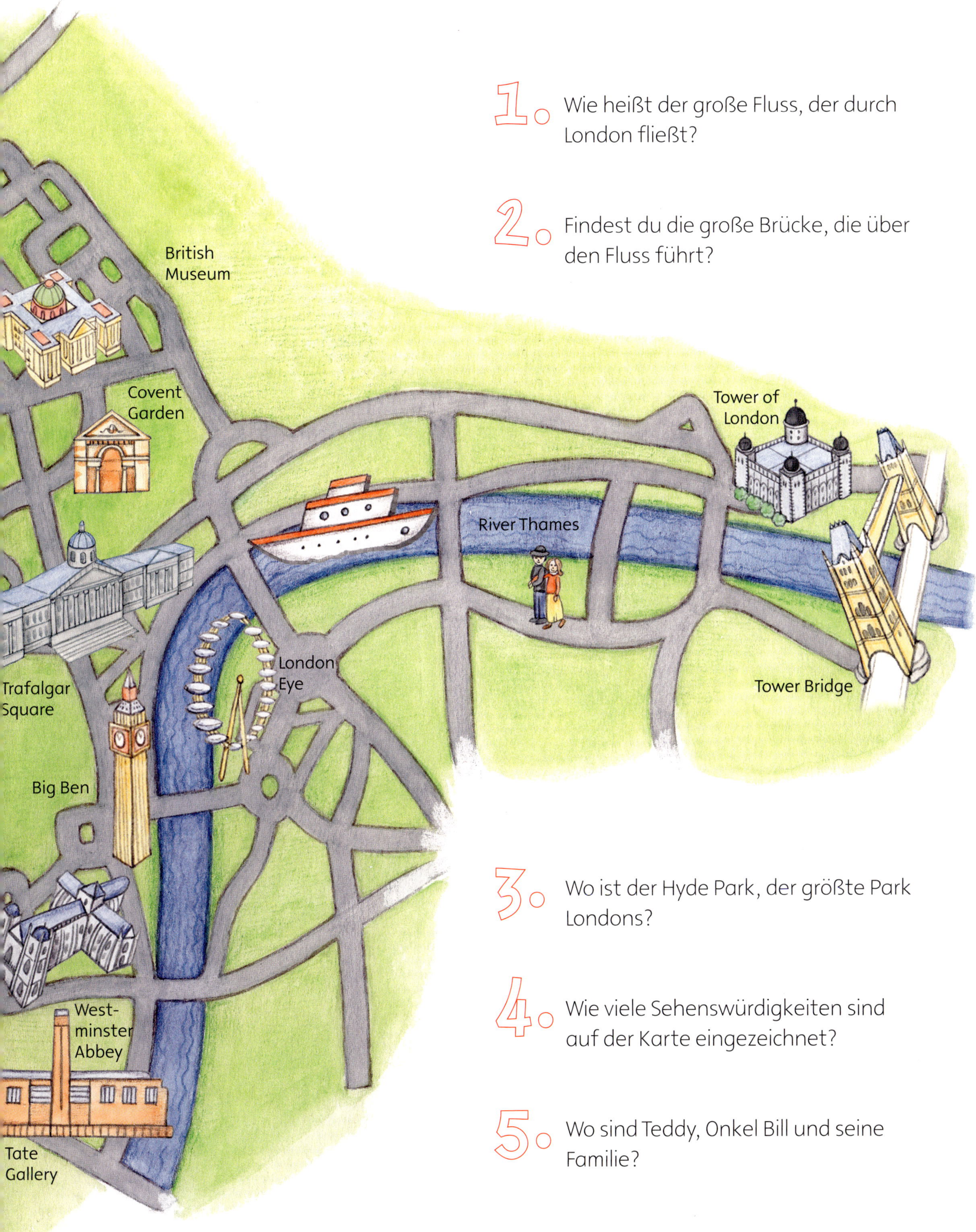

1. Wie heißt der große Fluss, der durch London fließt?

2. Findest du die große Brücke, die über den Fluss führt?

3. Wo ist der Hyde Park, der größte Park Londons?

4. Wie viele Sehenswürdigkeiten sind auf der Karte eingezeichnet?

5. Wo sind Teddy, Onkel Bill und seine Familie?

Stadtrundfahrt

Sightseeing tour

Und schon geht es los: Die Familie fährt in einem roten Doppeldecker-Bus durch London und alle staunen über die beeindruckenden Sehenswürdigkeiten. In London gibt es ja so viel zu sehen!

1.
- Vor welchem großen Gebäude parkt der Bus gerade?
- Welche Farbe hat der Bus?
- Wer schaut aus dem Fenster des Buses?
- Wie viele Vögel siehst du am Himmel?
- Welche Farbe hat der Hut, den Tante Rachel Teddy kauft?

2. Welche Sehenswürdigkeiten gibt es in deiner Heimat?
Diese Wörter sollen dir helfen:
- das Schloss/**castle**
- die Kirche/**church**
- der Park/**park**
- das Museum/**museum**
- das Monument/**monument**
- die Brücke/**bridge**
- der Turm/**tower**
- der Palast/**palace**

3. Hast du schon einmal eine Stadtrundfahrt gemacht?
Welche Sehenswürdigkeit hat dich am meisten beeindruckt?

tseeing Tour

Ankunft

Arrival

Nach zwei Wochen Urlaub in London fliegt Teddy wieder zurück nach Frankfurt, wo er schon sehnsüchtig von seiner Familie erwartet wird. Freudestrahlend fallen sich alle in die Arme und fahren glücklich zusammen nach Hause.

1. Wen kannst du auf dem Bild sehen?

2. In welche Stadt möchtest du gerne einmal reisen?

3. Welche Farben haben die Blumen, die Teddy mitgebracht hat?

Vokabeln

Vocabulary

A

Abend	**evening** [ˈiːvnɪŋ]
Abendessen	**supper** [ˈsʌpə]
aber	**but** [bʌt]
acht	**eight** [eɪt]
achtzehn	**eighteen** [ˈeɪˈtiːn]
achtzig	**eighty** [ˈeɪtɪ]
Affe	**monkey** [ˈmʌŋkɪ]
am, auf	**on** [ɒn]
Ampel	**traffic light** [ˈtræfɪk laɪt]
Ananas	**pineapple** [ˈpaɪnˌæpl]
anfangen	**to be the start of** [biː ðə stɑːt ɒv]
Anhänger	**trailer** [ˈtreɪlə]
Ankunft	**arrival** [əˈraɪvəl]
Anorak	**jacket** [ˈdʒækɪt]
Anzug	**suit** [suːt, sjuːt]
Apfel	**apple** [ˈæpl]
Apfelsaft	**apple juice** [ˈæpl dʒuːs]
Aprikose	**apricot** [ˈeɪprɪˌkɒt]
April	**April** [ˈeɪprəl]
arbeiten	**to work** [wɜːk]
Arm	**arm** [ɑːm]
Arzt	**doctor** [ˈdɒktə]
Aubergine	**aubergine** [ˈəʊbəˌʒiːn]
Auge	**eye** [aɪ]
Augenbraue	**eyebrow** [ˈaɪˌbraʊ]
August	**August** [ˈɔːgəst]
Auto	**car** [kɑː]

B

Backe	**cheek** [tʃiːk]
Bäcker	**baker** [ˈbeɪkə]
Backofen	**oven** [ˈʌvn]
Badewanne	**bathtub** [ˈbɑːθˌtʌb]
Badezimmer	**bathroom** [ˈbɑːθˌruːm, ˌrʊm]
Balkon	**balcony** [ˈbælkənɪ]
Ball	**ball** [bɔːl]
Banane	**banana** [bəˈnɑːnə]
Baseballmütze	**baseball cap** [ˈbeɪsˌbɔːl kæp]
Bauch	**tummy** [ˈtʌmɪ]
Bauchnabel	**belly button** [ˈbɛlɪ ˈbʌtn]
Bauklotz	**brick** [brɪk]
Baum	**tree** [triː]
bei, in	**at** [æt]
Bein	**leg** [lɛg]
bekommen	**to get** [gɛt]
bequem	**comfortable** [ˈkʌmftəbl, ˈkʌmfətəbl]
Beruf	**job** [dʒɒb]
bestellen	**to arrange** [əˈreɪndʒ]
besuchen	**to visit** [ˈvɪzɪt]
betrachten	**to look at** [lʊk æt]
bewölkt	**cloudy** [klaʊdɪ]
Biene	**bee** [biː]
Bier	**beer** [bɪə]
Bild	**picture** [ˈpɪktʃə]
Bilderbuch	**picture book** [ˈpɪktʃə bʊk]
Birne	**pear** [pɛə]
bis, für, zu	**to** [tʊ]
Blatt	**leaf** [liːf]
Blätter	**leaves** [liːvz]
blau	**blue** [bluː]
Bleistift	**pencil** [ˈpɛnsl]
Blitz	**lightning** [ˈlaɪtnɪŋ]
Blume	**flower** [ˈflaʊə]
Blumenkohl	**cauliflower** [ˈkɒlɪˌflaʊə]
Blumentopf	**flower pot** [ˈflaʊə pɒt]
Blumenzwiebel	**bulb** [bʌlb]
Blüte	**blossom** [ˈblɒsɛm]
Boden	**floor** [flɔː]
Bohne	**bean** [biːn]
braun	**brown** [braʊn]
Brettspiel	**board game** [bɔːd geɪm]
Briefkasten	**letter box** [ˈlɛtə bɒks]
Brokkoli	**broccoli** [ˈbrɒkəlɪ]
Brombeere	**blackberry** [ˈblækbərɪ, -brɪ]
Brot	**bread** [brɛd]
Brötchen	**roll** [rəʊl]
Bruder	**brother** [ˈbrʌðə]
Brücke	**bridge** [brɪdʒ]
Brustkorb	**chest** [tʃɛst]
Buch	**book** [bʊk]
Buntstift	**coloured pencil** [ˈkʌləd ˈpɛnsl]
Bus	**bus** [bʌs]
Bus fahren	**to go by bus** [gəʊ baɪ bʌs]
Busch	**bush** [bʊʃ]
Butter	**butter** [ˈbʌtə]

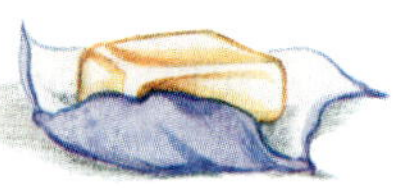

C

Chilischoten	**chillies** [ˈtʃɪliːz]
Cousin	**cousin** [ˈkʌzn]

D

da, dort	**there** [ðɛə]
Dach	**roof** [ruːf]
Dachrinne	**gutter** [gʌtə]
dein/e	**your** [jɔː]
der, die, das	**the** [ðə, ðɪ]
Deutsch	**German** [ˈdʒɜːmən]
Dezember	**December** [dɪˈsɛmbə]
dich, du, ihr	**you** [juː]
Dienstag	**Tuesday** [ˈtjuːzdɪ]

diese/er/es — **this** [ðɪs]
diese — **these** [ði:z]
Donnerstag — **Thursday** [ˈθɜ:zdɪ]
Drachen — **kite** [kaɪt]
drei — **three** [ˈθrɪ]
Dreieck — **triangle** [ˈtraɪˌæŋgl]
dreißig — **thirty** [ˈθɜ:tɪ]
dreizehn — **thirteen** [ˈθɜ:ˈti:n]
dunkelblau — **dark blue** [dɑ:k blu:]

E

Ehefrau — **wife** [waɪf]
Ehemann — **husband** [ˈhʌzbənd]
Eimer — **bucket** [ˈbʌkɪt]
einhundert — **one hundred** [wʌn ˈhʌndrəd]
einladen — **to invite** [ɪnˈvaɪt]
einpflanzen — **to plant** [plɑ:nt]
ein/e — **a** [ə, eɪ]
eins — **one** [wʌn]
Eisbär — **polar bear** [ˈpəʊlə beə]
Eisenbahn — **train set** [treɪn set]
Elefant — **elephant** [ˈɛlɪfənt]
elf — **eleven** [ɪˈlevn]
Englisch — **English** [ˈɪŋglɪʃ]
er — **he** [hi:]
Erbse — **pea** [pi:]
Erdbeere — **strawberry** [ˈstrɔ:bərɪ, -brɪ]
erste — **first** [fɜ:st]
es — **it** [ɪt]
Essig — **vinegar** [ˈvɪnɪgə]

F

fahren — **to drive** [draɪv]
Fahrrad — **bike** [baɪk]
Fahrrad fahren — **to ride a bike** [raɪd ə baɪk]
Fahrzeug — **vehicle** [ˈvi:ɪkl]
fallen — **to fall** [fɔ:l]
Familie — **family** [ˈfæmɪlɪ, fæmlɪ]
Familienstammbaum — **family tree** [ˈfæmɪlɪ, fæmlɪ tri:]
Farbe — **colour** [ˈkʌlə]
Februar — **February** [ˈfebrʊərɪ]
Fenster — **window** [ˈwɪndəʊ]
Fensterbank — **window sill** [ˈwɪndəʊ sɪl]
Ferien — **holidays** [ˈhɒlɪˌdeɪs]
Fernsehen schauen — **to watch TV** [wɒtʃ tɪˈvɪ]
Fernseher — **TV set** [ˈtɪvɪ set]
Feuerwehrauto — **fire engine** [faɪə ˈɛndʒɪn]
Feuerwehrmann — **fireman** [ˈfaɪəmən]
Fieber — **temperature** [ˈtemprɪtʃə]
Filzstift — **felt tip pen** [felt tɪp pen]
Finger — **finger** [ˈfɪŋgə]
Fisch — **fish** [fɪʃ]
Flamingo — **flamingo** [fləˈmɪŋgəʊ]
Fleisch — **meat** [mi:t]

fliegen — **to fly** [flaɪ]
Flugzeug — **plane** [pleɪn]
Flur — **hall** [hɔ:l]
Fluss — **river** [ˈrɪvə]
Form — **shape** [ʃeɪp]
Französisch — **French** [frentʃ]
Freitag — **Friday** [ˈfraɪdɪ]
Friseurin — **hairdresser** [ˈhɛəˌdrɛsə]
Frühling — **spring** [sprɪŋ]
Frühlingszwiebel — **spring onion** [sprɪŋ ˈʌnjən]
Füller — **fountain pen** [ˈfaʊntɪn pen]
fünf — **five** [faɪv]
fünfzehn — **fifteen** [ˈfɪfˈti:n]
fünfzig — **fifty** [ˈfɪftɪ]
für — **for** [fɔ:, fə]
Fußball — **football** [ˈfʊtˌbɔ:l]
Fußballer — **football player** [ˈfʊtˌbɔ:l ˈpleɪə]
Fußballspiel — **football match** [ˈfʊtˌbɔ:l mætʃ]

G

Gabel — **fork** [fɔ:k]
Galerie — **gallery** [ˈgælərɪ]
Garderobe — **coat rack** [cəʊt ræk]
Garten — **garden** [ˈgɑ:dn]
Geburtstag — **birthday** [ˈbɜ:θˌdeɪ]
gefährlich — **dangerous** [ˈdeɪndʒərəs]
gelb — **yellow** [ˈjeləʊ]
gehören — **to belong to** [bɪˈlɒŋ tʊ]
Gemüse — **vegetable** [ˈvɛdʒtəbl]
Geschirrspüler — **dish washer** [dɪʃ ˈwɒʃə]
Gesicht — **face** [feɪs]
Gewitter — **thunderstorm** [ˈθʌndəˌstɔ:m]
gießen — **to water** [ˈwɔ:tə]
Gießkanne — **watering can** [ˈwɔ:tərɪŋ kæn]
Giraffe — **giraffe** [dʒɪˈrɑ:f, ˈræf]
Glas — **glass** [glɑ:s]
Goldfisch — **goldfish** [ˈgəʊldˌfɪʃ]
Gorilla — **gorilla** [gəˈrɪlə]
Gras — **grass** [grɑ:s]
grau — **grey** [greɪ]
groß — **big** [bɪg]
großer Zeiger — **big hand** [bɪg hænd]
Großeltern — **grandparents** [ˈgrænˌpeərənt, ˈgrænd-]
Großmutter — **grandmother** [ˈgrænˌmʌðə, ˈgrænd-]
Großvater — **grandfather** [ˈgrænˌfɑ:ðə, ˈgrænd-]
Gurke — **cucumber** [ˈkju:ˌkʌmbə]
gut — **good** [gʊd]
grün — **green** [gri:n]

H

Haare — **hair** [hɛə]
haben — **to have** [hæv]
Hagel — **hail** [heɪl]
hageln — **to hail** [heɪl]

halb — **half** [hɑ:f]
Hals — **throat** [θrəʊt]
Hamster — **hamster** ['hæmstə]
Hand — **hand** [hænd]
Handpuppe — **hand puppet** [hænd 'pʌpɪt]
Handschuh — **glove** [glʌv]
Haus — **house** [haʊs]
Hausschuh — **slipper** ['slɪpə]
Haut — **skin** [skɪn]
Hecke — **hedge** [hedʒ]
Heft — **exercise book** ['ɛksəˌsaɪz bʊk]
hellblau — **light blue** [laɪt blu:]
Herbst — **autumn** ['ɔ:təm]
Herd — **cooker** ['kʊkə]
Himbeere — **raspberry** ['rɑ:zbərɪ, -brɪ]
Himmel — **sky** [skaɪ]
Hobby — **hobby** ['hɒbɪ]
Honig — **honey** ['hʌnɪ]
Hüfte — **hip** [hɪp]
Hund — **dog** [dɒg]

I

ich — **I** [aɪ], **me** [mi:]
Igel — **hedgehog** ['hɛdʒˌhɒg]
ihm, ihn — **him** [hɪm]
ihr — **her** [hɜ:, hə], **their** [ðɛə]
in — **in** [ɪn], **into** ['ɪntu:]
Inhaltsverzeichnis — **contents** ['kɒntɛnts]

J

Jahreszeit — **season** ['si:zn]
Januar — **January** ['dʒænjʊərɪ]
Johannisbeere — **red currant** [rɛd 'kʌrənt]
Juli — **July** [dʒu:'laɪ, dʒə-, dʒʊ-]
Junge — **boy** [bɔɪ]
Juni — **June** [dʒu:n]

K

Kalender — **calender** ['kælɪndə]
kalt — **cold** [kəʊld]
Kamel — **camel** ['kæməl]
Känguru — **kangaroo** ['kæŋgə'ru:]
Kaninchen — **rabbit** ['ræbɪt]
Karotte — **carrot** ['kærət]
Kartenspiel — **card game** [kɑ:d geɪm]
Kartoffel — **potato** [pə'teɪtəʊ]
Käse — **cheese** [tʃi:z]
Kasse — **till** [tɪl]
Kätzchen — **kitten** ['kɪtn]
Katze — **cat** [kæt]
Kaufladen — **grocer's shop** ['grəʊsərs ʃɒp]
Kellner — **waiter** ['weɪtə]
Ketchup — **ketchup** ['kɛtʃəp]
Kind — **child** [tʃaɪld]
Kinder — **children** ['tʃɪldrən]
Kinderbett — **children's bed** ['tʃɪldrəns bɛd]
Kinderzimmer — **children's bedroom** ['tʃɪldrənz 'bɛdˌru:m, -rʊm]
Kinn — **chin** [tʃɪn]
Kirche — **church** [tʃɜ:tʃ]
Kirsche — **cherry** ['tʃɛrɪ]
Kiwi — **kiwi** ['ki:wi:]
Klassenzimmer — **classroom** ['klɑ:sˌru:m, -rʊm]
Klebstoff — **glue** [glu:]
Kleid — **dress** [drɛs]
Kleiderschrank — **wardrobe** ['wɔ:drəʊb]
Kleidung — **clothes** [kləʊðz]
klein — **little** ['lɪtl], **small** [smɔ:l]
kleiner Zeiger — **small hand** [smɔ:l hænd]
Kloster — **abbey** ['æbɪ]
Knete — **modelling clay** ['mɒdlɪŋ kleɪ]
Knoblauch — **garlic** ['gɑ:lɪk]
Knopf — **button** ['bʌtn]
Koalabär — **koala bear** [kəʊ'ɑ:lə bɛə]
Koch — **cook** [kʊk]
kochen — **to cook** [kʊk]
Koffer — **suitcase** ['su:tˌkeɪs, 'sju:t-]
können — **can** [kæn]
Kopf — **head** [hɛd]
Kopfsalat — **lettuce** ['lɛtɪs]
Korb — **basket** ['bɑ:skɪt]
Körper — **body** ['bɒdɪ]
Krankheit — **sickness** ['sɪknɪs]
Krawatte — **tie** [taɪ]
Kreide — **chalk** [tʃɔ:k]
Kreis — **circle** ['sɜ:kl]
Kreisel — **spinning top** ['spɪnɪŋ tɒp]
Krokodil — **crocodile** ['krɒkəˌdaɪl]
Küche — **kitchen** ['kɪtʃɪn]
Kuchen — **cake** [keɪk]
Kühlschrank — **fridge** [frɪdʒ]
kurze Hose — **shorts** [ʃɔ:ts]

L

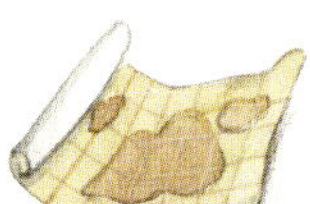

Lampe — **lamp** [læmp]
Landkarte — **map** [mæp]
lange Hose — **trousers** ['traʊzəz]
Lastkraftwagen — **lorry** ['lɒrɪ]
Lebensmittel — **groceries** ['grəʊsərɪz]
Lehrer — **teacher** ['ti:tʃə]
lesen — **to read** [ri:d]
liebe/r — **dear** [dɪə]
Lineal — **ruler** ['ru:lə]
Linienbus — **bus** [bʌs]
links — **left** [lɛft]
links abbiegen — **to go left** [gəʊ lɛft]
Löffel — **spoon** [spu:n]
Löwe — **lion** ['laɪən]

M

Mädchen	**girl** [gɜ:l]
Magen	**stomach** ['stʌmək]
Mai	**May** [meɪ]
Mama	**mum** [mʌm]
Mango	**mango** ['mæŋgəʊ]
Mäppchen	**pencil case** ['pensl keɪs]
Marionette	**marionette puppet** [ˌmærɪə'net 'pʌpɪt]
Markt	**market** ['mɑ:kɪt]
Marmelade	**jam** [dʒæm]
März	**March** [mɑ:tʃ]
Mathematik	**maths** [mæθs]
Maus	**mouse** [maʊs]
Mäuse	**mice** [maɪs]
Meerrettich	**horseradish** ['hɔ:sˌrædɪʃ]
Meerschweinchen	**guinea pig** ['gɪnɪ pɪg]
mein/e	**my** [maɪ]
Messer	**knife** [naɪf]
mich	**me** [mi:]
Milch	**milk** [mɪlk]
mit	**with** [wɪð, wɪθ]
Mittag	**noon** [nu:n]
Mitternacht	**midnight** ['mɪdˌnaɪt]
Mittwoch	**Wednesday** ['wenzdɪ]
mögen, etw. gerne tun	**to like** [laɪk]
Monat	**month** [mʌnθ]
Mond	**moon** [mu:n]
Montag	**Monday** ['mʌndɪ]
Monument	**monument** ['mɒnjʊmənt]
Morgen	**morning** ['mɔ:nɪŋ]
Motorrad	**motorbike** ['məʊtəˌbaɪk]
Motorradfahrer	**motorcyclist** ['məʊtəˌsaɪklɪst]
müssen	**must** [mʌst, məst, məs]
Mund	**mouth** [maʊθ]
Museum	**museum** [mju:'zɪəm]
Musik	**music** ['mju:zɪk]
Mutter	**mother** ['mʌðə]

N

nach	**past** [pɑ:st], **to** [tʊ]
nach oben	**up** [ʌp]
nach unten	**down** [daʊn]
Nachmittag	**afternoon** [ˌɑ:ftə'nu:n]
Nacht	**night** [naɪt]
Nachthemd	**nightdress** ['naɪtˌdres]
Nacken	**neck** [nek]
Name	**name** [neɪm]
Nase	**nose** [nəʊz]
nass	**wet** [wet]
Naturwissenschaft	**science** ['saɪəns]
Nebel	**fog** [fɒg]
Nelke	**carnation** [kɑ:'neɪʃən]
nennen	**to call** [kɔ:l]
neun	**nine** [naɪn]
neunzehn	**nineteen** [ˌnaɪn'ti:n]
neunzig	**ninety** ['naɪntɪ]
Nilpferd	**hippopotamus** [ˌhɪpə'pɒtəməs]
November	**November** [nəʊ'vembə]

O

oder	**or** [ɔ:]
Ohr	**ear** [ɪə]
Oktober	**October** [ɒk'təʊbə]
Öl	**oil** [ɔɪl]
Oma	**grandma** ['grænˌmɑ:, 'grænd-, 'græm-]
Onkel	**uncle** ['ʌŋkl]
Opa	**grandpa** ['grænˌpɑ:, 'grænd-, 'græm-]
orange, Orange	**orange** ['ɒrɪndʒ]
Orangensaft	**orange juice** ['ɒrɪndʒ dʒu:s]
Ort, Stadt	**city** ['sɪtɪ]

P

packen	**to pack** [pæk]
Palast	**palace** ['pælɪs]
Papa	**dad** [dæd]
Papagei	**parrot** ['pærət]
Papierkorb	**wastepaper basket** ['weɪstˌpeɪpə 'bɑ:skɪt]
Park	**park** [pɑ:k]
Parkplatz	**car park** [kɑ: pɑ:k]
Patrone	**cartridge** ['kɑ:trɪdʒ]
Pausenbrot	**snack** [snæk]
Pfanne	**frying pan** ['fraɪɪŋ pæn]
Pfarrer	**vicar** ['vɪkə]
Pfeffer	**pepper** ['pepə]
Pfirsich	**peach** [pi:tʃ]
Pflanze	**plant** [plɑ:nt]
Pflaume	**plum** [plʌm]
Pilz	**mushroom** ['mʌʃru:m, -rʊm]
Pinguin	**penguin** ['peŋgwɪn]
Platz	**square** [skweə]
Po	**bottom** ['bɒtəm]
Polizeiauto	**police car** [pə'li:s kɑ:]
Polizist	**policeman** [pə'li:smən]
Postbote	**postman** ['pəʊstmən]
Postleitzahl	**post code** ['pəʊst kəʊd]
Pullover	**jumper** ['dʒʌmpə]
Pult	**desk** [desk]
Puppe	**doll** [dɒl]
Puzzle	**jigsaw** ['dʒɪgˌsɔ:]

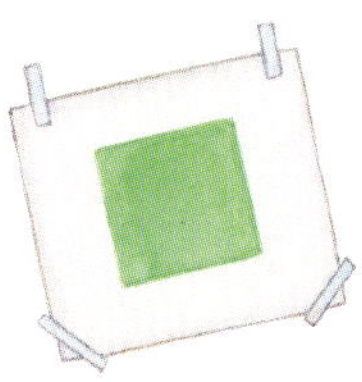

Q

Quadrat	**square** [skweə]

R

Radiergummi	**rubber** ['rʌbə]
Radieschen	**radish** ['rædɪʃ]

Rasen **lawn** [lɔ:n]
Rechteck **rectangle** ['rek,tæŋgl]
rechts **right** [raɪt]
rechts abbiegen **to go right** [gəʊ raɪt]
Regen **rain** [reɪn]
Regenbogen **rainbow** ['reɪn,bəʊ]
regnen **to rain** [reɪn]
Reisebus **coach** [kəʊtʃ]
Religionsunterricht **religious studies** [rɪ'lɪdʒəs 'stʌdɪs]
Richter **judge** [dʒʌdʒ]
Robbe **seal** [si:l]
Rock **skirt** [skɜ:t]
rosa **pink** [pɪŋk]
Rose **rose** [rəʊz]
rot **red** [red]
Rotwein **red wine** [red waɪn]
Rücken **back** [bæk]

S

Saal **hall** [hɔ:l]
Sachkunde **general studies** ['dʒenərəl, 'dʒenrəl 'stʌdɪs]
Salat **salad** ['sæləd]
Salz **salt** [sɔ:lt]
Samstag **Saturday** ['sætədɪ]
Schach **chess** [tʃes]
Schaf **sheep** [ʃi:p]
Schal **scarf** [skɑ:f]
schauen **to watch** [wɒtʃ]
Schaukelpferd **rocking horse** ['rɒkɪng hɔ:s]
Schiff **boat** [bəʊt]
Schild **sign** [saɪn]
Schildkröte **turtle** ['tɜ:tl]
Schlafanzug **pyjamas** [pə'dʒɑ:məz]
schlafen **to sleep** [sli:p]
Schlafzimmer **bedroom** ['bed,ru:m, -rʊm]
Schlange **snake** [sneɪk]
Schloss **castle** ['kɑ:sl]
Schmetterling **butterfly** ['bʌtə,flaɪ]
Schnee **snow** [snəʊ]
Schneider **tailor** ['teɪlə]
schnell **fast** [fɑ:st]
Schokoladenkeks **chocolate chip cookie** ['tʃɒkəlɪt, 'tʃɒklɪt, -lət tʃɪp 'kʊkɪ]
Schornstein **chimney** ['tʃɪmnɪ]
Schrank **cupboard** ['kʌbəd]
Schublade **drawer** ['drɔ:ə]
Schule **school** [sku:l]
Schüler **pupil** ['pju:pl]
Schultasche **satchel** ['sætʃəl]
Schüssel **bowl** [bəʊl]
schütteln **to shake** [ʃeɪk]
Schwamm **sponge** [spʌndʒ]
schwarz **black** [blæk]
schwer **heavy** ['hevɪ]
Schwester **sister** ['sɪstə]
sechs **six** [sɪks]

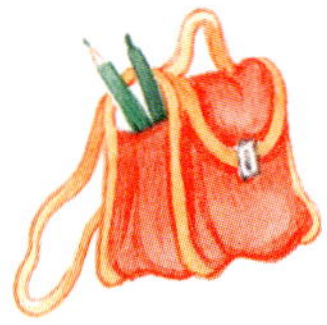

sechzehn **sixteen** ['sɪks'ti:n]
sechzig **sixty** ['sɪkstɪ]
sehen **to see** [si:]
sehr **very** ['verɪ]
sein/e **his** [hɪz]
sein **to be** [bi:]
Seite **page** [peɪdʒ]
Sekundenzeiger **second hand** ['sekənd hænd]
Sellerie **celery** ['selərɪ]
Senf **mustard** ['mʌstəd]
September **September** [sep'tembə]
Serviette **napkin** ['næpkɪn]
sie **she** [ʃi:], **they** [ðeɪ], **them** [ðem]
sieben **seven** ['sevn]
siebzehn **seventeen** ['sevn'ti:n]
siebzig **seventy** ['sevntɪ]
Socke **sock** [sɒk]
Sofa **sofa** ['səʊfə]
Sommer **summer** ['sʌmə]
Sommerferien **summer holidays** ['sʌmə 'hɒlɪ,deɪs]
Sommersprossen **freckles** ['freklz]
Sonne **sun** [sʌn]
Sonnenliege **sun lounger** [sʌn 'laʊndʒə]
Sonnenschirm **sunshade** ['sʌn,ʃeɪd]
Sonnenhut **sun hat** [sʌn hæt]
sonnig **sunny** ['sʌnɪ]
Sonntag **Sunday** ['sʌndɪ]
Spargel **asparagus** [ə'spærəgəs]
spazieren gehen **to go for a walk** [gəʊ fɔ:r ə wɔ:k]
Spiegel **mirror** ['mɪrə]
Spielsachen **toys** [tɔɪz]
spielen **to play** [pleɪ]
Spinat **spinach** ['spɪnɪdʒ, -ɪtʃ]
Spitzer **sharpener** ['ʃɑ:pnə]
Sport **physical education** ['fɪzɪkəl 'edjʊ,keɪʃən]
Springseil **skipping rope** ['skɪpɪŋ rəʊp]
Spüle **sink** [sɪŋk]
Staat **country** ['kʌntrɪ]
Stadtplan **map** [mæp]
Stadtrundfahrt **sightseeing tour** ['saɪt,si:ɪng tʊə]
Stern **star** [stɑ:]
Stiefel **boot** [bu:t]
Stirn **forehead** ['fɒrɪd, 'fɔ:,hed]
Stofftier **toy animal** [tɔɪ 'ænɪməl]
stricken **to knit** [nɪt]
Straße **street** [stri:t]
Straßenbahn **tram** [træm]
Strumpfhose **tights** [taɪts]
Stuhl **chair** [tʃeə]
stürmisch **stormy** ['stɔ:mɪ]
Supermarkt **supermarket** ['su:pə,mɑ:kɪt]

T

Tafel **blackboard** ['blæk,bɔ:d]
Tag **day** [deɪ]
tanken **to refuel** [ri:'fju:əl]

Tankstelle	**petrol station** [ˈpetrəl ˈsteɪʃən]
Tante	**aunt** [ɑ:nt]
tanzen	**to dance** [dɑ:ns]
Tasse	**cup** [kʌp]
Taxi	**taxi** [ˈtæksɪ]
Tee	**tea** [ti:]
Teebeutel	**tea bag** [ti: bæg]
Teekanne	**teapot** [ˈti:ˌpɒt]
Teller	**plate** [pleɪt]
Terrasse	**patio** [ˈpætɪˌəʊ]
Thermometer	**thermometer** [θəˈmɒmɪtə]
Tiefkühlschrank	**freezer** [fri:zə]
Tier	**animal** [ˈænɪməl]
Tierhandlung	**pet shop** [pet ʃɒp]
Tisch	**table** [ˈteɪbl]
Tischdecke	**table cloth** [ˈteɪbl klɒθ]
Toastbrot	**toast** [təʊst]
Toaster	**toaster** [ˈtəʊstə]
Toilette	**toilet** [ˈtɔɪlɪt]
Tomate	**tomato** [təˈmɑ:təʊ]
Topf	**saucepan** [ˈsɔ:spən]
Topflappen	**oven cloth** [ˈʌvn klɒθ]
Torte	**cake** [keɪk]
transportieren	**to carry** [ˈkærɪ], **to transport** [trænsˈpɔ:t]
Traum	**dream** [dri:m]
Treppe	**stairs** [steəz]
Treppenhaus	**staircase** [ˈsteəˌkeɪs]
T-Shirt	**t-shirt** [ti:ʃɜ:t]
Tulpe	**tulip** [ˈtju:lɪp]
Tür	**door** [dɔ:]
Türmatte	**doormat** [ˈdɔ:ˌmæt]
Turm	**tower** [ˈtaʊə]
Turnschuh	**trainer** [ˈtreɪnə]

U

über	**over** [ˈəʊvə]
Uhr	**clock** [klɒk]
Uhrzeit	**time** [taɪm]
und	**and** [ænd]
unpünktlich	**late** [leɪt]
uns	**us** [ʌs]
unser/e	**our** [aʊə]
unter	**under** [ˈʌndə]
Unterhemd	**vest** [vest]
Unterhose	**underpants** [ˈʌndəˌpænts]

V

Vater	**father** [ˈfɑ:ðə]
Verkehr	**traffic** [ˈtræfɪk]
verschneit	**snowy** [ˈsnəʊɪ]
Verse	**heel** [hi:l]
vier	**four** [fɔ:]
Viertel	**quarter** [ˈkwɔ:tə]
vierzehn	**fourteen** [ˈfɔ:ˈti:n]
vierzig	**forty** [ˈfɔ:tɪ]
violett	**purple** [ˈpɜ:pl]
Vogel	**bird** [bɜ:d]
Vogelnest	**bird's nest** [bɜ:dz nest]
von	**from** [frɒm], **of** [ɒv]
Vorhang	**curtain** [ˈkɜ:tn]
Vorwort	**foreword** [ˈfɔ:ˌwɜ:d]

W

Waage	**scales** [skeɪlz]
Wachsmalkreide	**wax crayon** [wæks ˈkreɪən, -ɒn]
Wand	**wall** [wɔ:l]
Waren	**goods** [gʊdz]
warm	**warm** [wɔ:m]
Waschbecken	**wash basin** [wɒʃ ˈbeɪsn]
Waschmaschine	**washing machine** [ˈwɒʃɪŋ məˈʃi:n]
Wasserhahn	**tap** [tæp]
Wassermelone	**watermelon** [ˈwɔ:təˌmelən]
Wecker	**alarm clock** [əˈlɑ:m klɒk]
Weintraube	**grape** [greɪp]
weiß	**white** [waɪt]
Welpe	**puppy** [ˈpʌpɪ]
Wetter	**weather** [ˈweðə]
willkommen	**welcome** [ˈwelkəm]
Wind	**wind** [wɪnd]
Winter	**winter** [ˈwɪntə]
wir	**we** [wi:]
Wohnzimmer	**living room** [ˈlɪvɪŋ ru:m, -rʊm]
Wolke	**cloud** [klaʊd]
Wolle	**wool** [wʊl]
Wollmütze	**wooly hat** [ˈwʊlɪ het]
Wort	**word** [wɜ:d]
Würfel	**dice** [daɪs]

Z

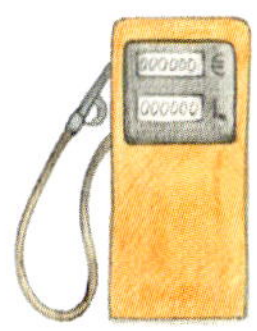

Zahl	**number** [ˈnʌmbə]
zählen	**to count** [kaʊnt]
Zahn	**tooth** [tu:θ]
Zähne	**teeth** [ti:θ]
Zapfsäule	**petrol pump** [ˈpetrəl pʌmp]
Zaun	**fence** [fens]
Zebra	**zebra** [ˈzi:brə]
zehn	**ten** [ten]
Zehe	**toe** [təʊ]
Zeugnis	**school report** [sku:l rɪˈpɔ:t]
Zitrone	**lemon** [ˈlemən]
Zoo	**zoo** [zu:]
zu Hause	**at home** [æt həʊm]
Zucchini	**courgette** [kʊəˈʒet]
Zucker	**sugar** [ˈʃʊgə]
Zug	**train** [treɪn]
Zunge	**tongue** [tʌŋ]
zwanzig	**twenty** [ˈtwentɪ]
zwei	**two** [tu:]
Zwiebel	**onion** [ˈʌnjən]
zwölf	**twelve** [twelv]

Lautschrift-Tabelle

Mithilfe der Lautschrift können Sie nachschauen, wie ein englisches Wort richtig ausgesprochen wird. Im Vokabelteil steht die Lautschrift immer in den eckigen Klammern hinter oder unter jedem Wort. Wenn Sie sich unsicher sind, was die Lautschrift-Zeichen im Einzelnen bedeuten, können Sie hier in der Tabelle einfach nachschlagen.

ɑ:	wie in lahm	car
ɛ	wie in Fleck	elephant
i:	wie in Wiese	cheese
ɪ	wie in Tisch	fish
ɒ	wie in Frosch	sock
ʊ	wie in Hund	book
u:	wie in Blume	school
ə	wie in Mutter	mother
aɪ	wie in Mai	bike
aʊ	wie in blau	trousers
ɔɪ	wie in neu	toys
ɪə	wie in Tier	ear
ɛə	wie in Meer	hair
ŋ	wie in Ballon	monkey
s	wie in Skelett	sofa
z	wie in Vase	zoo
ʃ	wie in Schule	sheep
tʃ	wie in tschüss	child
ʤ	wie in Dschungel	july
v	wie in Vampir	vegetable
æ	fast wie in Mädchen	cat
ɔ:	fast wie in Horn	ball
ʌ	fast wie in Stadt	sun
ɜ:	fast wie in stört	bird

Diese Laute gibt es nur im Englischen:

eɪ	day
əʊ	cold
r	rabbit
ʒ	aubergine
θ	tooth
ð	father
w	winter

Diese Laute werden wie im Deutschen ausgesprochen:

b	bus
d	December
f	family
g	green
h	house
j	yellow
k	cake
l	lion
m	moon
n	name
p	park
t	tower

Die Betonung wird so angezeigt:

ˈ	starke Betonung der nachfolgenden Wortsilbe
ˌ	leichte Betonung der nachfolgenden Wortsilbe

Bsp.: sunshade [ˈsʌnˌʃeɪd]

Genehmigte Lizenzausgabe
EDITION XXL GmbH
Fränkisch-Crumbach 2009
www.edition-xxl.de

Idee und Projektleitung: Sonja Sammüller
Layout, Satz und Umschlaggestaltung:
SAMMÜLLER KREATIV GmbH

ISBN (13) 978-3-89736-462-2
ISBN (10) 3-89736-462-X

Wir möchten uns ganz herzlich für die kompetente Unterstützung von Katharina und Tatjana Lisson bedanken.